PREFACIO

La colección de guías de conversación para viajar "Todo irá bien" publicada por T&P Books está diseñada para personas que viajan al extranjero para turismo y negocios. Las guías contienen lo más importante - los elementos esenciales para una comunicación básica.Éste es un conjunto de frases imprescindibles para "sobrevivir" mientras está en el extranjero.

Esta guía de conversación le ayudará en la mayoría de los casos donde usted necesite pedir algo, conseguir direcciones, saber cuánto cuesta algo, etc. Puede también resolver situaciones difíciles de la comunicación donde los gestos no pueden ayudar.

Este libro contiene muchas frases que han sido agrupadas según los temas más relevantes.También encontrará un mini diccionario con palabras útiles - números, hora, calendario, colores…

Llévese la guía de conversación "Todo irá bien" en el camino y tendrá una insustituible compañera de viaje que le ayudará a salir de cualquier situación y le enseñará a no temer hablar con extranjeros.

TABLA DE CONTENIDOS

T&P Books Publishing

Colección de guías de conversación
"¡Todo irá bien!"

T&P Books Publishing

GUÍA DE CONVERSACIÓN

— INDONESIO —

Andrey Taranov

LAS PALABRAS Y LAS FRASES MÁS ÚTILES

Esta Guía de Conversación
contiene las frases y las
preguntas más comunes
necesitadas para una
comunicación básica
con extranjeros

T&P BOOKS

Guía de conversación + diccionario de 250 palabras

Guía de conversación Español-Indonesio y mini diccionario de 250 palabras

por Andrey Taranov

La colección de guías de conversación para viajar "Todo irá bien" publicada por T&P Books está diseñada para personas que viajan al extranjero para turismo y negocios. Las guías contienen lo más importante - los elementos esenciales para una comunicación básica. Éste es un conjunto de frases imprescindibles para "sobrevivir" mientras está en el extranjero.

También encontrará un mini diccionario con 250 palabras útiles necesarias para la comunicación diaria - los nombres de los meses y de los días de la semana, medidas, miembros de la familia, y más.

T&P Books Publishing
www.tpbooks.com

ISBN: 978-1-78616-886-3

Este libro está disponible en formato electrónico o de E-Book también.
Visite www.tpbooks.com o las librerías electrónicas más destacadas en la Red.

PRONUNCIACIÓN

La letra	Ejemplo indonesio	T&P alfabeto fonético	Ejemplo español
Aa	zaman	[a]	radio
Bb	besar	[b]	en barco
Cc	kecil, cepat	[ʧ]	mapache
Dd	dugaan	[d]	desierto
Ee	segera, mencium	[e], [ə]	viernes
Ff	berfungsi	[f]	golf
Gg	juga, lagi	[g]	jugada
Hh	hanya, bahwa	[h]	registro
Ii	izin, sebagai ganti	[i], [j]	ilegal, asiento
Jj	setuju, ijin	[dʒ]	tadzhik
Kk	kemudian, tidak	[k], [ʔ]	charco, oclusiva glotal sorda
Ll	dilarang	[l]	lira
Mm	melihat	[m]	nombre
Nn	berenang	[n], [ŋ]	número, manga
Oo	toko roti	[oː]	domicilio
Pp	peribahasa	[p]	precio
Qq	Aquarius	[k]	charco
Rr	ratu, riang	[r]	rumbo
Ss	sendok, syarat	[s], [ʃ]	salva, shopping
Tt	tamu, adat	[t]	torre
Uu	ambulans	[u]	mundo
Vv	renovasi	[v]	travieso
Ww	pariwisata	[w]	acuerdo
Xx	boxer	[ks]	taxi
Yy	banyak, syarat	[j]	asiento
Zz	zamrud	[z]	desde

Las combinaciones de letras

aa	maaf	[aʔa]	a+oclusiva glotal sorda
kh	khawatir	[h]	registro
th	Gereja Lutheran	[t]	torre
-k	tidak	[ʔ]	oclusiva glotal sorda

LISTA DE ABREVIATURAS

Abreviatura en español

adj	-	adjetivo
adv	-	adverbio
anim.	-	animado
conj	-	conjunción
etc.	-	etcétera
f	-	sustantivo femenino
f pl	-	femenino plural
fam.	-	uso familiar
fem.	-	femenino
form.	-	uso formal
inanim.	-	inanimado
innum.	-	innumerable
m	-	sustantivo masculino
m pl	-	masculino plural
m, f	-	masculino, femenino
masc.	-	masculino
mat	-	matemáticas
mil.	-	militar
num.	-	numerable
p.ej.	-	por ejemplo
pl	-	plural
pron	-	pronombre
sg	-	singular
v aux	-	verbo auxiliar
vi	-	verbo intransitivo
vi, vt	-	verbo intransitivo, verbo transitivo
vr	-	verbo reflexivo
vt	-	verbo transitivo

GUÍA DE
CONVERSACIÓN
INDONESIO

Esta sección contiene frases
importantes que pueden
resultar útiles en varias
situaciones de la vida real.
La Guía le ayudará a pedir
direcciones, aclaración
sobre precio, comprar billetes,
y pedir alimentos en un
restaurante

T&P Books Publishing

CONTENIDO DE LA GUÍA DE CONVERSACIÓN

T&P Books Publishing

Lo más imprescindible

Perdone, …	**Permisi, …** [permisi, …]
Hola.	**Halo.** [halo]
Gracias.	**Terima kasih.** [terima kasih]
Sí.	**Ya.** [ja]
No.	**Tidak.** [tida͎]
No lo sé.	**Saya tidak tahu.** [saja tida' tahu]
¿Dónde? | ¿A dónde? | ¿Cuándo?	**Di mana? | Ke mana? | Kapan?** [di mana? | ke mana? | kapan?]
Necesito …	**Saya perlu …** [saja perlu …]
Quiero …	**Saya ingin …** [saja iŋin …]
¿Tiene …?	**Apa Anda punya …?** [apa anda punja …?]
¿Hay … por aquí?	**Apa ada … di sini?** [apa ada … di sini?]
¿Puedo …?	**Boleh saya …?** [boleh saja …?]
…, por favor? (petición educada)	**Tolong, …** [toloŋ, …]
Busco …	**Saya sedang mencari …** [saja sedaŋ mentʃari …]
el servicio	**kamar kecil** [kamar ketʃil]
un cajero automático	**ATM** [a-te-em]
una farmacia	**apotek** [apote']
el hospital	**rumah sakit** [rumah sakit]
la comisaría	**kantor polisi** [kantor polisi]
el metro	**stasiun bawah tanah** [stasiun bawah tanah]

un taxi	**taksi** [taksi]
la estación de tren	**stasiun kereta api** [stasiun kereta api]

Me llamo …	**Nama saya ...** [nama saja ...]
¿Cómo se llama?	**Siapa nama Anda?** [siapa nama anda?]
¿Puede ayudarme, por favor?	**Bisakah Anda menolong saya?** [bisakah anda menoloŋ saja?]
Tengo un problema.	**Saya sedang kesulitan.** [saja sedaŋ kesulitan]
Me encuentro mal.	**Saya tidak enak badan.** [saja tida' enak badan]
¡Llame a una ambulancia!	**Panggil ambulans!** [paŋgil ambulans!]
¿Puedo llamar, por favor?	**Boleh saya menelepon?** [boleh saja menelepon?]

Lo siento.	**Maaf.** [ma'af]
De nada.	**Terima kasih kembali.** [terima kasih kembali]

Yo	**Saya, aku** [saja, aku]
tú	**kamu, kau** [kamu, kau]
él	**dia, ia** [dia, ia]
ella	**dia, ia** [dia, ia]
ellos	**mereka** [mereka]
ellas	**mereka** [mereka]
nosotros /nosotras/	**kami** [kami]
ustedes, vosotros	**kalian** [kalian]
usted	**Anda** [anda]

ENTRADA	**MASUK** [masu']
SALIDA	**KELUAR** [keluar]
FUERA DE SERVICIO	**TIDAK DAPAT DIGUNAKAN** [tida' dapat digunakan]
CERRADO	**TUTUP** [tutup]

ABIERTO	**BUKA** [buka]
PARA SEÑORAS	**UNTUK PEREMPUAN** [untu' perempuan]
PARA CABALLEROS	**UNTUK LAKI-LAKI** [untu' laki-laki]

Preguntas

¿Dónde?	**Di mana?** [di mana?]
¿A dónde?	**Ke mana?** [ke mana?]
¿De dónde?	**Dari mana?** [dari mana?]
¿Por qué?	**Kenapa?** [kenapa?]
¿Con que razón?	**Untuk apa?** [untu' apa?]
¿Cuándo?	**Kapan?** [kapan?]

¿Cuánto tiempo?	**Berapa lama?** [berapa lama?]
¿A qué hora?	**Jam berapa?** [dʒiam berapa?]
¿Cuánto?	**Berapa harganya?** [berapa harganja?]
¿Tiene ...?	**Apa Anda punya ...?** [apa anda punja ...?]
¿Dónde está ...?	**Di mana ...?** [di mana ...?]

¿Qué hora es?	**Jam berapa sekarang?** [dʒiam berapa sekaraŋ?]
¿Puedo llamar, por favor?	**Boleh saya menelepon?** [boleh saja menelepon?]
¿Quién es?	**Siapa di sana?** [siapa di sana?]
¿Se puede fumar aquí?	**Boleh saya merokok di sini?** [boleh saja meroko' di sini?]
¿Puedo ...?	**Boleh saya ...?** [boleh saja ...?]

Necesidades

Quisiera …	**Saya hendak …** [saja henda' …]
No quiero …	**Saya tidak ingin …** [saja tida' iŋin …]
Tengo sed.	**Saya haus.** [saja haus]
Tengo sueño.	**Saya ingin tidur.** [saja iŋin tidur]
Quiero …	**Saya ingin …** [saja iŋin …]
lavarme	**mandi** [mandi]
cepillarme los dientes	**menyikat gigi** [menjikat gigi]
descansar un momento	**istirahat sebentar** [istirahat sebentar]
cambiarme de ropa	**ganti pakaian** [ganti pakajan]
volver al hotel	**kembali ke hotel** [kembali ke hotel]
comprar …	**membeli …** [membeli …]
ir a …	**pergi ke …** [pergi ke …]
visitar …	**mengunjungi …** [meŋundʒˈuŋi …]
quedar con …	**bertemu dengan …** [bertemu deŋan …]
hacer una llamada	**menelepon** [menelepon]
Estoy cansado /cansada/.	**Saya lelah.** [saja lelah]
Estamos cansados /cansadas/.	**Kami lelah.** [kami lelah]
Tengo frío.	**Saya kedinginan.** [saja kediŋinan]
Tengo calor.	**Saya kepanasan.** [saja kepanasan]
Estoy bien.	**Saya baik-baik saja.** [saja bai'-bai' sadʒˈa]

Tengo que hacer una llamada.

Saya perlu menelepon.
[saja perlu menelepon]

Necesito ir al servicio.

Saya perlu pergi ke kamar kecil.
[saja perlu pergi ke kamar ketʃil]

Me tengo que ir.

Saya harus pergi.
[saja harus pergi]

Me tengo que ir ahora.

Saya harus pergi sekarang.
[saja harus pergi sekaraŋ]

Preguntar por direcciones

Perdone, …

Permisi, …
[permisi, …]

¿Dónde está …?

Di mana …?
[di mana …?]

¿Por dónde está …?

Ke manakah arah ke …?
[ke manakah arah ke …?]

¿Puede ayudarme, por favor?

Bisakah Anda menolong saya?
[bisakah anda menoloŋ saja?]

Busco …

Saya sedang mencari …
[saja sedaŋ mentʃari …]

Busco la salida.

Saya sedang mencari pintu keluar.
[saja sedaŋ mentʃari pintu keluar]

Voy a …

Saya akan pergi ke …
[saja akan pergi ke …]

¿Voy bien por aquí para …?

Benarkah ini jalan ke …?
[benarkah ini dʒʲalan ke …?]

¿Está lejos?

Apakah tempatnya jauh?
[apakah tempatnja dʒʲauh?]

¿Puedo llegar a pie?

Bisakah saya berjalan kaki ke sana?
[bisakah saja berdʒʲalan kaki ke sana?]

¿Puede mostrarme en el mapa?

Bisakah Anda tunjukkan di peta?
[bisakah anda tundʒʲuˀkan di peta?]

Por favor muestreme dónde estamos.

Tunjukkan di mana lokasi kita sekarang.
[tundʒʲuˀkan di mana lokasi kita sekaraŋ]

Aquí

Di sini
[di sini]

Allí

Di sana
[di sana]

Por aquí

Jalan ini
[dʒʲalan ini]

Gire a la derecha.

Belok kanan.
[beloˀ kanan]

Gire a la izquierda.

Belok kiri.
[beloˀ kiri]

la primera (segunda, tercera) calle

belokan pertama (kedua, ketiga)
[belokan pertama (kedua, ketiga)]

a la derecha

ke kanan
[ke kanan]

a la izquierda	**ke kiri** [ke kiri]
Siga recto.	**Lurus terus.** [lurus terus]

Carteles

¡BIENVENIDO!	**SELAMAT DATANG!** [selamat dataŋ!]
ENTRADA	**MASUK** [masuʔ]
SALIDA	**KELUAR** [keluar]

EMPUJAR	**DORONG** [doroŋ]
TIRAR	**TARIK** [tariʔ]
ABIERTO	**BUKA** [buka]
CERRADO	**TUTUP** [tutup]

PARA SEÑORAS	**UNTUK PEREMPUAN** [untuʔ perempuan]
PARA CABALLEROS	**UNTUK LAKI-LAKI** [untuʔ laki-laki]
CABALLEROS	**PRIA** [pria]
SEÑORAS	**WANITA** [wanita]

REBAJAS	**DISKON** [diskon]
VENTA	**OBRAL** [obral]
GRATIS	**GRATIS** [gratis]
¡NUEVO!	**BARU!** [baru!]
ATENCIÓN	**PERHATIAN!** [perhatian!]

COMPLETO	**KAMAR PENUH** [kamar penuh]
RESERVADO	**DIPESAN** [dipesan]
ADMINISTRACIÓN	**ADMINISTRASI** [administrasi]
SÓLO PERSONAL AUTORIZADO	**HANYA UNTUK STAF** [hanja untuʔ staf]

CUIDADO CON EL PERRO	**AWAS ANJING GALAK!** [awas andʒiŋ galaʔ!]
NO FUMAR	**DILARANG MEROKOK!** [dilaraŋ merokoʔ!]
NO TOCAR	**JANGAN SENTUH!** [dʒaŋan sentuh!]

PELIGROSO	**BERBAHAYA** [berbahaja]
PELIGRO	**BAHAYA** [bahaja]
ALTA TENSIÓN	**TEGANGAN TINGGI** [tegaŋan tiŋgi]
PROHIBIDO BAÑARSE	**DILARANG BERENANG!** [dilaraŋ berenaŋ!]

FUERA DE SERVICIO	**TIDAK DAPAT DIGUNAKAN** [tidaʔ dapat digunakan]
INFLAMABLE	**MUDAH TERBAKAR** [mudah terbakar]
PROHIBIDO	**DILARANG** [dilaraŋ]
PROHIBIDO EL PASO	**DILARANG MASUK!** [dilaraŋ masuʔ!]
RECIÉN PINTADO	**CAT BASAH** [ʧat basah]

CERRADO POR RENOVACIÓN	**DITUTUP KARENA ADA PERBAIKAN** [ditutup karena ada perbaikan]
EN OBRAS	**ADA PROYEK DI DEPAN** [ada projeʔ di depan]
DESVÍO	**JALUR ALTERNATIF** [dʒalur alternatif]

Transporte. Frases generales

el avión	**pesawat** [pesawat]
el tren	**kereta api** [kereta api]
el bus	**bus** [bus]
el ferry	**feri** [feri]
el taxi	**taksi** [taksi]
el coche	**mobil** [mobil]
el horario	**jadwal** [dʒˈadwal]
¿Dónde puedo ver el horario?	**Di mana saya dapat melihat jadwalnya?** [di mana saja dapat melihat dʒˈadwalnja?]
días laborables	**hari kerja** [hari kerdʒˈa]
fines de semana	**akhir pekan** [ahir pekan]
días festivos	**hari libur** [hari libur]
SALIDA	**KEBERANGKATAN** [keberaŋkatan]
LLEGADA	**KEDATANGAN** [kedataŋan]
RETRASADO	**DITUNDA** [ditunda]
CANCELADO	**DIBATALKAN** [dibatalkan]
siguiente (tren, etc.)	**berikutnya** [berikutnja]
primero	**pertama** [pertama]
último	**terakhir** [terahir]

¿Cuándo pasa el siguiente …?	**Kapan ... berikutnya?** [kapan ... berikutnja?]
¿Cuándo pasa el primer …?	**Kapan ... pertama?** [kapan ... pertama?]
¿Cuándo pasa el último …?	**Kapan ... terakhir?** [kapan ... terahir?]

el trasbordo (cambio de trenes, etc.)	**pindah** [pindah]
hacer un trasbordo	**berpindah** [berpindah]
¿Tengo que hacer un trasbordo?	**Haruskah saya berpindah?** [haruskah saja berpindah?]

Comprar billetes

¿Dónde puedo comprar un billete?	**Di mana saya dapat membeli tiket?** [di mana saja dapat membeli tiket?]
el billete	**tiket** [tiket]
comprar un billete	**membeli tiket** [membeli tiket]
precio del billete	**harga tiket** [harga tiket]
¿Para dónde?	**Ke mana?** [ke mana?]
¿A qué estación?	**Ke stasiun apa?** [ke stasiun apa?]
Necesito …	**Saya perlu ...** [saja perlu ...]
un billete	**satu tiket** [satu tiket]
dos billetes	**dua tiket** [dua tiket]
tres billetes	**tiga tiket** [tiga tiket]
sólo ida	**sekali jalan** [sekali dʒʲalan]
ida y vuelta	**pulang pergi** [pulaŋ pergi]
en primera (primera clase)	**kelas satu** [kelas satu]
en segunda (segunda clase)	**kelas dua** [kelas dua]
hoy	**hari ini** [hari ini]
mañana	**besok** [besoʔ]
pasado mañana	**lusa** [lusa]
por la mañana	**pagi** [pagi]
por la tarde	**siang** [siaŋ]
por la noche	**malam** [malam]

asiento de pasillo

kursi dekat lorong
[kursi dekat loroŋ]

asiento de ventanilla

kursi dekat jendela
[kursi dekat ʤendela]

¿Cuánto cuesta?

Berapa harganya?
[berapa harganja?]

¿Puedo pagar con tarjeta?

Bisakah saya membayar dengan kartu kredit?
[bisakah saja membajar deŋan kartu kredit?]

Autobús

el autobús	**bus** [bus]
el autobús interurbano	**bus antarkota** [bus antarkota]
la parada de autobús	**pemberhentian bus** [pemberhentian bus]
¿Dónde está la parada de autobuses más cercana?	**Di mana pemberhentian bus terdekat?** [di mana pemberhentian bus terdekat?]
número	**nomor** [nomor]
¿Qué autobús tengo que tomar para ...?	**Bus apa yang ke ...?** [bus apa jaŋ ke ...?]
¿Este autobús va a ...?	**Apakah bus ini ke ...?** [apakah bus ini ke ...?]
¿Cada cuanto pasa el autobús?	**Seberapa sering busnya datang?** [seberapa seriŋ busnja dataŋ?]
cada 15 minutos	**setiap 15 menit** [setiap lima belas menit]
cada media hora	**setiap setengah jam** [setiap seteŋah dʒ'am]
cada hora	**setiap jam** [setiap dʒ'am]
varias veces al día	**beberapa kali sehari** [beberapa kali sehari]
... veces al día	**... kali sehari** [... kali sehari]
el horario	**jadwal** [dʒ'adwal]
¿Dónde puedo ver el horario?	**Di mana saya dapat melihat jadwalnya?** [di mana saja dapat melihat dʒ'adwalnja?]
¿Cuándo pasa el siguiente autobús?	**Kapan bus berikutnya?** [kapan bus berikutnja?]
¿Cuándo pasa el primer autobús?	**Kapan bus pertama?** [kapan bus pertama?]
¿Cuándo pasa el último autobús?	**Kapan bus terakhir?** [kapan bus terahir?]
la parada	**pemberhentian** [pemberhentian]

la siguiente parada

pemberhentian berikutnya
[pemberhentian berikutnja]

la última parada

pemberhentian terakhir (terminal)
[pemberhentian terahir (terminal)]

Pare aquí, por favor.

Berhenti di sini.
[berhenti di sini]

Perdone, esta es mi parada.

Permisi, saya turun di sini.
[permisi, saja turun di sini]

Tren

el tren	**kereta api** [kereta api]
el tren de cercanías	**kereta api lokal** [kereta api lokal]
el tren de larga distancia	**kereta api jarak jauh** [kereta api ʤarak ʤauh]
la estación de tren	**stasiun kereta api** [stasiun kereta api]
Perdone, ¿dónde está la salida al anden?	**Permisi, di manakah pintu ke arah peron?** [permisi, di manakah pintu ke arah peron?]

¿Este tren va a …?	**Apakah kereta api ini menuju ke …?** [apakah kereta api ini menuʤu ke …?]
el siguiente tren	**kereta api berikutnya** [kereta api berikutnja]
¿Cuándo pasa el siguiente tren?	**Kapan kereta api berikutnya?** [kapan kereta api berikutnja?]
¿Dónde puedo ver el horario?	**Di mana saya dapat melihat jadwalnya?** [di mana saja dapat melihat ʤadwalnja?]
¿De qué andén?	**Dari peron jalur berapa?** [dari peron ʤalur berapa?]
¿Cuándo llega el tren a …?	**Kapan kereta api ini sampai di …?** [kapan kereta api ini sampaj di …?]

Ayudeme, por favor.	**Tolong bantu saya.** [toloŋ bantu saja]
Busco mi asiento.	**Saya sedang mencari kursi saya.** [saja sedaŋ menʧari kursi saja]
Buscamos nuestros asientos.	**Kami sedang mencari kursi kami.** [kami sedaŋ menʧari kursi kami]

Mi asiento está ocupado.	**Kursi saya sudah ditempati.** [kursi saja sudah ditempati]
Nuestros asientos están ocupados.	**Kursi kami sudah ditempati.** [kursi kami sudah ditempati]
Perdone, pero ese es mi asiento.	**Maaf, ini kursi saya.** [ma'af, ini kursi saja]

¿Está libre?

Apakah kursi ini sudah diambil?
[apakah kursi ini sudah diambil?]

¿Puedo sentarme aquí?

Boleh saya duduk di sini?
[boleh saja dudu' di sini?]

En el tren. Diálogo (Sin billete)

Su billete, por favor.

Permisi, tiketnya.
[permisi, tiketnja]

No tengo billete.

Saya tidak punya tiket.
[saja tida' punja tiket]

He perdido mi billete.

Tiket saya hilang.
[tiket saja hilaŋ]

He olvidado mi billete en casa.

Tiket saya tertinggal di rumah.
[tiket saja tertiŋgal di rumah]

Le puedo vender un billete.

Anda bisa membeli tiket dari saya.
[anda bisa membeli tiket dari saja]

También deberá pagar una multa.

Anda juga harus membayar denda.
[anda dʒʲuga harus membajar denda]

Vale.

Baik.
[bai']

¿A dónde va usted?

Ke manakah tujuan Anda?
[ke manakah tudʒʲuan anda?]

Voy a …

Saya akan pergi ke …
[saja akan pergi ke …]

¿Cuánto es? No lo entiendo.

Berapa harganya? Saya tidak mengerti.
[berapa harganja? saja tida' meŋerti]

Escríbalo, por favor.

Tolong tuliskan.
[toloŋ tuliskan]

Vale. ¿Puedo pagar con tarjeta?

Baik. Bisakah saya membayar dengan kartu kredit?
[bai'. bisakah saja membajar deŋan kartu kredit?]

Sí, puede.

Ya, bisa.
[ja, bisa]

Aquí está su recibo.

Ini tanda terimanya.
[ini tanda terimanja]

Disculpe por la multa.

Maaf atas dendanya.
[ma'af atas dendanja]

No pasa nada. Fue culpa mía.

Tidak apa-apa. Saya yang salah.
[tida' apa-apa. saja jaŋ salah.]

Disfrute su viaje.

Selamat menikmati perjalanan.
[selamat menikmati perdʒʲalanan]

Taxi

taxi	**taksi** [taksi]
taxista	**sopir taksi** [sopir taksi]
coger un taxi	**menyetop taksi** [menjetop taksi]
parada de taxis	**pangkalan taksi** [paŋkalan taksi]
¿Dónde puedo coger un taxi?	**Di mana saya bisa mendapatkan taksi?** [di mana saja bisa mendapatkan taksi?]
llamar a un taxi	**menelepon taksi** [menelepon taksi]
Necesito un taxi.	**Saya perlu taksi.** [saja perlu taksi]
Ahora mismo.	**Sekarang.** [sekaraŋ]
¿Cuál es su dirección?	**Di mana alamat Anda?** [di mana alamat anda?]
Mi dirección es …	**Alamat saya di …** [alamat saja di …]
¿Cuál es el destino?	**Tujuan Anda?** [tudʒｉuan anda?]
Perdone, …	**Permisi, …** [permisi, …]
¿Está libre?	**Apa taksi ini kosong?** [apa taksi ini kosoŋ?]
¿Cuánto cuesta ir a …?	**Berapa ongkos ke …?** [berapa oŋkos ke …?]
¿Sabe usted dónde está?	**Tahukah Anda tempatnya?** [tahukah anda tempatnja?]
Al aeropuerto, por favor.	**Ke bandara.** [ke bandara]
Pare aquí, por favor.	**Berhenti di sini.** [berhenti di sini]
No es aquí.	**Bukan di sini.** [bukan di sini]
La dirección no es correcta.	**Alamatnya salah.** [alamatnja salah]

Gire a la izquierda.	**Belok kiri** [belo' kiri]
Gire a la derecha.	**Belok kanan.** [belo' kanan]

¿Cuánto le debo?	**Berapa yang harus saya bayar?** [berapa jaŋ harus saja bajar?]
¿Me da un recibo, por favor?	**Saya minta tanda terimanya.** [saja minta tanda terimanja]
Quédese con el cambio.	**Kembaliannya untuk Anda.** [kembaliannja untu' anda]

Espéreme, por favor.	**Maukah Anda menunggu saya?** [maukah anda menuŋgu saja?]
cinco minutos	**lima menit** [lima menit]
diez minutos	**sepuluh menit** [sepuluh menit]
quince minutos	**lima belas menit** [lima belas menit]
veinte minutos	**dua puluh menit** [dua puluh menit]
media hora	**setengah jam** [seteŋah dʒʲam]

Hotel

Hola.	**Halo.** [halo]
Me llamo …	**Nama saya …** [nama saja …]
Tengo una reserva.	**Saya sudah memesan.** [saja sudah memesan]
Necesito …	**Saya perlu …** [saja perlu …]
una habitación individual	**kamar single** [kamar siŋle]
una habitación doble	**kamar double** [kamar double]
¿Cuánto cuesta?	**Berapa harganya?** [berapa harganja?]
Es un poco caro.	**Agak mahal.** [aga' mahal]
¿Tiene alguna más?	**Apa Anda punya opsi lain?** [apa anda punja opsi lain?]
Me quedo.	**Saya ambil.** [saja ambil]
Pagaré en efectivo.	**Saya bayar tunai.** [saja bajar tunaj]
Tengo un problema.	**Saya sedang kesulitan.** [saja sedaŋ kesulitan]
Mi … no funciona.	**… saya rusak.** [… saja rusa']
Mi … está fuera de servicio.	**… saya tidak dapat digunakan.** [… saja tida' dapat digunakan]
televisión	**TV** [tv]
aire acondicionado	**alat pendingin hawa** [alat pendiŋin hawa]
grifo	**keran** [keran]
ducha	**pancuran** [pantʃuran]
lavabo	**bak cuci** [ba' tʃutʃi]
caja fuerte	**brankas** [brankas]

cerradura	**kunci pintu** [kuntʃi pintu]
enchufe	**stopkontak** [stopkontak]
secador de pelo	**pegering rambut** [pegeriŋ rambut]

No tengo ...	**Tidak ada ...** [tidaʔ ada ...]
agua	**air** [air]
luz	**lampu** [lampu]
electricidad	**listrik** [listriʔ]

¿Me puede dar ...?	**Bisakah Anda memberi saya ...?** [bisakah anda memberi saja ...?]
una toalla	**handuk** [handuʔ]
una sábana	**selimut** [selimut]
unas chanclas	**sandal** [sandal]
un albornoz	**jubah** [dʒubah]
un champú	**sampo** [sampo]
jabón	**sabun** [sabun]

Quisiera cambiar de habitación.	**Saya ingin pindah kamar.** [saja iŋin pindah kamar]
No puedo encontrar mi llave.	**Kunci saya tidak ketemu.** [kuntʃi saja tidaʔ ketemu]
Por favor abra mi habitación.	**Bisakah Anda membukakan pintu saya?** [bisakah anda membukakan pintu saja?]
¿Quién es?	**Siapa di sana?** [siapa di sana?]
¡Entre!	**Masuk!** [masuʔ!]
¡Un momento!	**Tunggu sebentar!** [tuŋgu sebentar!]
Ahora no, por favor.	**Jangan sekarang.** [dʒaŋan sekaraŋ]

Venga a mi habitación, por favor.	**Datanglah ke kamar saya.** [dataŋlah ke kamar saja]
Quisiera hacer un pedido.	**Saya ingin memesan makanan.** [saja iŋin memesan makanan]

Mi número de habitación es …

Nomor kamar saya …
[nomor kamar saja …]

Me voy …

Saya pergi …
[saja pergi …]

Nos vamos …

Kami pergi …
[kami pergi …]

Ahora mismo

sekarang
[sekaraŋ]

esta tarde

siang ini
[siaŋ ini]

esta noche

malam ini
[malam ini]

mañana

besok
[beso']

mañana por la mañana

besok pagi
[beso' pagi]

mañana por la noche

besok malam
[beso' malam]

pasado mañana

lusa
[lusa]

Quisiera pagar la cuenta.

Saya hendak membayar.
[saja henda' membajar]

Todo ha estado estupendo.

Segalanya luar biasa.
[segalanja luar biasa]

¿Dónde puedo coger un taxi?

Di mana saya bisa mendapatkan taksi?
[di mana saja bisa mendapatkan taksi?]

¿Puede llamarme un taxi, por favor?

Bisakah Anda memanggilkan saya taksi?
[bisakah anda memaŋilkan saja taksi?]

Restaurante

¿Puedo ver el menú, por favor?

Bisakah saya melihat menunya?
[bisakah saja melihat menunja?]

Mesa para uno.

Meja untuk satu orang.
[medʒa untu' satu oraŋ]

Somos dos (tres, cuatro).

Kami berdua (bertiga, berempat).
[kami berdua (bertiga, berempat)]

Para fumadores

Ruang Merokok
[ruaŋ meroko']

Para no fumadores

Ruang Bebas Rokok
[ruaŋ bebas roko']

¡Por favor! (llamar al camarero)

Permisi!
[permisi!]

la carta

menu
[menu]

la carta de vinos

daftar anggur
[daftar aŋgur]

La carta, por favor.

Tolong menunya.
[toloŋ menunja]

¿Está listo para pedir?

Apakah Anda siap memesan?
[apakah anda siap memesan?]

¿Qué quieren pedir?

Apa yang ingin Anda pesan?
[apa jaŋ iŋin anda pesan?]

Yo quiero …

Saya ingin memesan ...
[saja iŋin memesan ...]

Soy vegetariano.

Saya vegetarian.
[saja vegetarian]

carne

daging
[dagiŋ]

pescado

ikan
[ikan]

verduras

sayur mayur
[sajur majur]

¿Tiene platos para vegetarianos?

**Apa Anda punya hidangan
vegetarian?**
[apa anda punja hidaŋan
vegetarian?]

No como cerdo.

Saya tidak makan daging babi.
[saja tida' makan dagiŋ babi]

Él /Ella/ no come carne.

Dia tidak makan daging.
[dia tida' makan dagiŋ]

Soy alérgico a …	**Saya alergi …** [saja alergi …]
¿Me puede traer …, por favor?	**Tolong ambilkan …** [toloŋ ambilkan …]
sal | pimienta | azúcar	**garam | merica | gula** [garam | meritʃa | gula]
café | té | postre	**kopi | teh | pencuci mulut** [kopi | teh | pentʃutʃi mulut]
agua | con gas | sin gas	**air | air soda | air putih** [air | air soda | air putih]
una cuchara | un tenedor | un cuchillo	**sendok | garpu | pisau** [sendo' | garpu | pisau]
un plato | una servilleta	**piring | serbet** [piriŋ | serbet]

¡Buen provecho!	**Selamat menikmati!** [selamat menikmati!]
Uno más, por favor.	**Tambah satu lagi.** [tambah satu lagi]
Estaba delicioso.	**Benar-benar lezat.** [benar-benar lezat]

la cuenta | el cambio | la propina	**tagihan | kembalian | tip** [tagihan | kembalian | tip]
La cuenta, por favor.	**Tolong tagihannya.** [toloŋ tagihannja]
¿Puedo pagar con tarjeta?	**Bisakah saya membayar dengan kartu kredit?** [bisakah saja membajar deŋan kartu kredit?]
Perdone, aquí hay un error.	**Maaf, ada kesalahan di sini.** [ma'af, ada kesalahan di sini]

De Compras

¿Puedo ayudarle?

Ada yang bisa saya bantu?
[ada jaŋ bisa saja bantu?]

¿Tiene ...?

Apa Anda punya ...?
[apa anda punja ...?]

Busco ...

Saya sedang mencari ...
[saja sedaŋ mentʃari ...]

Necesito ...

Saya perlu ...
[saja perlu ...]

Sólo estoy mirando.

Saya hanya melihat-lihat.
[saja hanja melihat-lihat]

Sólo estamos mirando.

Kami hanya melihat-lihat.
[kami hanja melihat-lihat]

Volveré más tarde.

Saya akan kembali lagi nanti.
[saja akan kembali lagi nanti]

Volveremos más tarde.

Kami akan kembali lagi nanti.
[kami akan kembali lagi nanti]

descuentos | oferta

diskon | obral
[diskon | obral]

Por favor, enséñeme ...

Bisakah Anda tunjukkan ...
[bisakah anda tundʒiuʔkan ...]

¿Me puede dar ..., por favor?

Bisakah Anda ambilkan ...
[bisakah anda ambilkan ...]

¿Puedo probarmelo?

Bisakah saya mencobanya?
[bisakah saja mentʃobanja?]

Perdone, ¿dónde están los probadores?

Permisi, di mana kamar pasnya?
[permisi, di mana kamar pasnja?]

¿Qué color le gustaría?

Warna apa yang Anda inginkan?
[warna apa jaŋ anda iŋinkan?]

la talla | el largo

ukuran | panjang
[ukuran | pandʒiaŋ]

¿Cómo le queda? (¿Está bien?)

Apakah pas?
[apakah pas?]

¿Cuánto cuesta esto?

Berapa harganya?
[berapa harganja?]

Es muy caro.

Itu terlalu mahal.
[itu terlalu mahal]

Me lo llevo.

Saya ambil.
[saja ambil]

Perdone, ¿dónde está la caja?

Permisi, di mana saya harus membayar?
[permisi, di mana saja harus membajar?]

¿Pagará en efectivo o con tarjeta?

Apakah Anda ingin membayar tunai atau dengan kartu kredit?
[apakah anda iŋin membajar tunaj atau deŋan kartu kredit?]

en efectivo | con tarjeta

Tunai | dengan kartu kredit
[tunaj | deŋan kartu kredit]

¿Quiere el recibo?

Apakah Anda ingin tanda terimanya?
[apakah anda iŋin tanda terimanja?]

Sí, por favor.

Ya.
[ja]

No, gracias.

Tidak, tidak usah.
[tida', tida' usah]

Gracias. ¡Que tenga un buen día!

Terima kasih. Semoga hari Anda menyenangkan!
[terima kasih. semoga hari anda menjenaŋkan!]

En la ciudad

Perdone, por favor.
Permisi, ...
[permisi, ...]

Busco ...
Saya sedang mencari ...
[saja sedaŋ mentʃari ...]

el metro
stasiun bawah tanah
[stasiun bawah tanah]

mi hotel
hotel saya
[hotel saja]

el cine
bioskop
[bioskop]

una parada de taxis
pangkalan taksi
[paŋkalan taksi]

un cajero automático
ATM
[a-te-em]

una oficina de cambio
tempat penukaran mata uang
[tempat penukaran mata uaŋ]

un cibercafé
warnet
[warnet]

la calle ...
Jalan ...
[dʒʲalan ...]

este lugar
tempat ini
[tempat ini]

¿Sabe usted dónde está ...?
Apakah Anda tahu lokasi ...?
[apakah anda tahu lokasi ...?]

¿Cómo se llama esta calle?
Jalan apakah ini?
[dʒʲalan apakah ini?]

Muestreme dónde estamos ahora.
Tunjukkan di mana lokasi kita sekarang.
[tundʒʲuʔkan di mana lokasi kita sekaraŋ]

¿Puedo llegar a pie?
Bisakah saya berjalan kaki ke sana?
[bisakah saja berdʒʲalan kaki ke sana?]

¿Tiene un mapa de la ciudad?
Apa Anda punya peta kota?
[apa anda punja peta kota?]

¿Cuánto cuesta la entrada?
Berapa harga tiket masuk?
[berapa harga tiket masuʔ?]

¿Se pueden hacer fotos aquí?
Bisakah saya berfoto di sini?
[bisakah saja berfoto di sini?]

¿Está abierto?
Apakah Anda buka?
[apakah anda buka?]

¿A qué hora abren?

Kapan Anda buka?
[kapan anda buka?]

¿A qué hora cierran?

Kapan Anda tutup?
[kapan anda tutup?]

Dinero

dinero	**uang** [uaŋ]
efectivo	**tunai** [tunaj]
billetes	**uang kertas** [uaŋ kertas]
monedas	**uang receh** [uaŋ retʃeh]
la cuenta | el cambio | la propina	**tagihan | kembalian | tip** [tagihan | kembalian | tip]

la tarjeta de crédito	**kartu kredit** [kartu kredit]
la cartera	**dompet** [dompet]
comprar	**membeli** [membeli]
pagar	**membayar** [membajar]
la multa	**denda** [denda]
gratis	**gratis** [gratis]

¿Dónde puedo comprar …?	**Di mana saya bisa membeli …?** [di mana saja bisa membeli …?]
¿Está el banco abierto ahora?	**Apakah bank buka sekarang?** [apakah ban' buka sekaraŋ?]
¿A qué hora abre?	**Kapan bank buka?** [kapan bank buka?]
¿A qué hora cierra?	**Kapan bank tutup?** [kapan bank tutup?]

¿Cuánto cuesta?	**Berapa harganya?** [berapa harganja?]
¿Cuánto cuesta esto?	**Berapa harganya?** [berapa harganja?]
Es muy caro.	**Itu terlalu mahal.** [itu terlalu mahal]
Perdone, ¿dónde está la caja?	**Permisi, di mana saya harus membayar?** [permisi, di mana saja harus membajar?]

La cuenta, por favor.

Tolong tagihannya.
[toloŋ tagihannja]

¿Puedo pagar con tarjeta?

Bisakah saya membayar dengan kartu kredit?
[bisakah saja membajar deŋan kartu kredit?]

¿Hay un cajero por aquí?

Adakah ATM di sini?
[adakah a-te-em di sini?]

Busco un cajero automático.

Saya sedang mencari ATM.
[saja sedaŋ mentʃari a-te-em]

Busco una oficina de cambio.

Saya sedang mencari tempat penukaran mata uang.
[saja sedaŋ mentʃari tempat penukaran mata uaŋ]

Quisiera cambiar ...

Saya ingin menukarkan ...
[saja iŋin menukarkan ...]

¿Cuál es el tipo de cambio?

Berapakah nilai tukarnya?
[berapakah nilaj tukarnja?]

¿Necesita mi pasaporte?

Apa Anda butuh paspor saya?
[apa anda butuh paspor saja?]

Tiempo

¿Qué hora es?	**Jam berapa sekarang?** [dʒam berapa sekaraŋ?]
¿Cuándo?	**Kapan?** [kapan?]
¿A qué hora?	**Jam berapa?** [dʒam berapa?]
ahora | luego | después de …	**sekarang | nanti | setelah …** [sekaraŋ | nanti | setelah …]

la una	**pukul satu** [pukul satu]
la una y cuarto	**pukul satu lewat lima belas** [pukul satu lewat lima belas]
la una y medio	**pukul satu lewat tiga puluh** [pukul satu lewat tiga puluh]
las dos menos cuarto	**pukul satu lewat empat puluh lima** [pukul satu lewat empat puluh lima]

una | dos | tres	**satu | dua | tiga** [satu | dua | tiga]
cuatro | cinco | seis	**empat | lima | enam** [empat | lima | enam]
siete | ocho | nueve	**tujuh | delapan | sembilan** [tudʒuh | delapan | sembilan]
diez | once | doce	**sepuluh | sebelas | dua belas** [sepuluh | sebelas | dua belas]

en …	**dalam …** [dalam …]
cinco minutos	**lima menit** [lima menit]
diez minutos	**sepuluh menit** [sepuluh menit]
quince minutos	**lima belas menit** [lima belas menit]
veinte minutos	**dua puluh menit** [dua puluh menit]

media hora	**setengah jam** [seteŋah dʒam]
una hora	**satu jam** [satu dʒam]
por la mañana	**pagi** [pagi]

por la mañana temprano	**pagi-pagi sekali** [pagi-pagi sekali]
esta mañana	**pagi ini** [pagi ini]
mañana por la mañana	**besok pagi** [besoꞌ pagi]

al mediodía	**tengah hari** [teŋah hari]
por la tarde	**siang** [siaŋ]
por la noche	**malam** [malam]
esta noche	**malam ini** [malam ini]

por la noche	**pada malam hari** [pada malam hari]
ayer	**kemarin** [kemarin]
hoy	**hari ini** [hari ini]
mañana	**besok** [besoꞌ]
pasado mañana	**lusa** [lusa]

¿Qué día es hoy?	**Hari apa sekarang?** [hari apa sekaraŋ?]
Es ...	**Sekarang ...** [sekaraŋ ...]
lunes	**Hari Senin** [hari senin]
martes	**Hari Selasa** [hari selasa]
miércoles	**Hari Rabu** [hari rabu]

jueves	**Hari Kamis** [hari kamis]
viernes	**Hari Jumat** [hari dʒʲumat]
sábado	**Hari Sabtu** [hari sabtu]
domingo	**Hari Minggu** [hari miŋgu]

Saludos. Presentaciones.

Hola.

Halo.
[halo]

Encantado /Encantada/ de conocerle.

Senang dapat berjumpa dengan Anda.
[senaŋ dapat berdʒumpa deŋan anda]

Yo también.

Sama-sama.
[sama-sama]

Le presento a …

Kenalkan, …
[kenalkan, …]

Encantado.

Senang dapat berjumpa dengan Anda.
[senaŋ dapat berdʒumpa deŋan anda]

¿Cómo está?

Apa kabar?
[apa kabar?]

Me llamo …

Nama saya …
[nama saja …]

Se llama …

Namanya …
[namanja …]

Se llama …

Namanya …
[namanja …]

¿Cómo se llama (usted)?

Siapa nama Anda?
[siapa nama anda?]

¿Cómo se llama (él)?

Siapa namanya?
[siapa namanja?]

¿Cómo se llama (ella)?

Siapa namanya?
[siapa namanja?]

¿Cuál es su apellido?

Siapa nama belakang Anda?
[siapa nama belakaŋ anda?]

Puede llamarme …

Panggil saya …
[paŋgil saja …]

¿De dónde es usted?

Dari mana asal Anda?
[dari mana asal anda?]

Yo soy de ….

Saya dari …
[saja dari …]

¿A qué se dedica?

Apa pekerjaan Anda?
[apa pekerdʒa'a'an anda?]

¿Quién es?

Siapa ini?
[siapa ini?]

¿Quién es él?

Siapa dia?
[siapa dia?]

¿Quién es ella?

Siapa dia?
[siapa dia?]

¿Quiénes son?

Siapa mereka?
[siapa mereka?]

Este es ...	**Ini ...** [ini ...]
mi amigo	**teman saya** [teman saja]
mi amiga	**teman saya** [teman saja]
mi marido	**suami saya** [suami saja]
mi mujer	**istri saya** [istri saja]
mi padre	**ayah saya** [ajah saja]
mi madre	**ibu saya** [ibu saja]
mi hermano	**saudara laki-laki saya** [saudara laki-laki saja]
mi hermana	**saudara perempuan saya** [saudara perempuan saja]
mi hijo	**anak laki-laki saya** [ana' laki-laki saja]
mi hija	**anak perempuan saya** [ana' perempuan saja]
Este es nuestro hijo.	**Ini anak laki-laki kami.** [ini ana' laki-laki kami]
Esta es nuestra hija.	**Ini anak perempuan kami.** [ini ana' perempuan kami]
Estos son mis hijos.	**Ini anak-anak saya.** [ini ana'-ana' saja]
Estos son nuestros hijos.	**Ini anak-anak kami.** [ini ana'-ana' kami]

Despedidas

¡Adiós!	**Selamat tinggal!** [selamat tiŋgal!]
¡Chau!	**Dadah!** [dadah!]
Hasta mañana.	**Sampai bertemu besok.** [sampaj bertemu beso']
Hasta pronto.	**Sampai jumpa.** [sampaj dʒ'umpa]
Te veo a las siete.	**Sampai jumpa pukul tujuh.** [sampaj dʒ'umpa pukul tudʒ'uh]

¡Que se diviertan!	**Selamat bersenang-senang!** [selamat bersenaŋ-senaŋ!]
Hablamos más tarde.	**Kita mengobrol lagi nanti.** [kita meŋobrol lagi nanti]
Que tengas un buen fin de semana.	**Selamat berakhir pekan.** [selamat berahir pekan]
Buenas noches.	**Selamat malam.** [selamat malam]

Es hora de irme.	**Sudah waktunya saya pamit.** [sudah waktunja saja pamit]
Tengo que irme.	**Saya harus pergi.** [saja harus pergi]
Ahora vuelvo.	**Saya akan segera kembali.** [saja akan segera kembali]

Es tarde.	**Sudah larut.** [sudah larut]
Tengo que levantarme temprano.	**Saya harus bangun pagi.** [saja harus baŋun pagi]
Me voy mañana.	**Saya pergi besok.** [saja pergi beso']
Nos vamos mañana.	**Kami pergi besok.** [kami pergi beso']

¡Que tenga un buen viaje!	**Semoga perjalanan Anda menyenangkan!** [semoga perdʒ'alanan anda menjenaŋkan!]
Ha sido un placer.	**Senang dapat berjumpa dengan Anda.** [senaŋ dapat berdʒ'umpa deŋan anda]

Fue un placer hablar con usted.

Senang dapat berbincang dengan Anda.
[senaŋ dapat berbintʃaŋ deŋan anda]

Gracias por todo.

Terima kasih atas segalanya.
[terima kasih atas segalanja]

Lo he pasado muy bien.

Saya senang sekali hari ini.
[saja senaŋ sekali hari ini]

Lo pasamos muy bien.

Kami senang sekali hari ini.
[kami senaŋ sekali hari ini]

Fue genial.

Hari yang luar biasa.
[hari jaŋ luar biasa]

Le voy a echar de menos.

Saya akan merindukan Anda.
[saja akan merindukan anda]

Le vamos a echar de menos.

Kami akan merindukan Anda.
[kami akan merindukan anda]

¡Suerte!

Semoga berhasil!
[semoga berhasil!]

Saludos a …

Sampaikan salam saya untuk ...
[sampajkan salam saja untuʔ ...]

Idioma extranjero

No entiendo.

Saya tidak mengerti.
[saja tida' meŋerti]

Escríbalo, por favor.

Tolong tuliskan.
[toloŋ tuliskan]

¿Habla usted ...?

Apa Anda bisa berbahasa ...?
[apa anda bisa berbahasa ...?]

Hablo un poco de ...

Saya bisa sedikit berbahasa ...
[saja bisa sedikit berbahasa ...]

inglés

Inggris
[iŋgris]

turco

Turki
[turki]

árabe

Arab
[arab]

francés

Perancis
[perantʃis]

alemán

Jerman
[dʒʲerman]

italiano

Italia
[italia]

español

Spanyol
[spanjol]

portugués

Portugis
[portugis]

chino

Mandarin
[mandarin]

japonés

Jepang
[dʒʲepaŋ]

¿Puede repetirlo, por favor?

Bisakah Anda mengulanginya?
[bisakah anda meŋulaŋinja?]

Lo entiendo.

Saya mengerti.
[saja meŋerti]

No entiendo.

Saya tidak mengerti.
[saja tida' meŋerti]

Hable más despacio, por favor.

Tolong berbicara lebih lambat.
[toloŋ berbitʃara lebih lambat]

¿Está bien?

Apakah itu benar?
[apakah itu benar?]

¿Qué es esto? (¿Que significa esto?)

Apa ini? (Apa artinya ini?)
[apa ini? (apa artinja ini?)]

Disculpas

Perdone, por favor.

Permisi.
[permisi]

Lo siento.

Maaf.
[maʾaf]

Lo siento mucho.

Saya benar-benar minta maaf.
[saja benar-benar minta maʾaf]

Perdón, fue culpa mía.

Maaf, itu kesalahan saya.
[maʾaf, itu kesalahan saja]

Culpa mía.

Saya yang salah.
[saja jaŋ salah]

¿Puedo ...?

Boleh saya ...?
[boleh saja ...?]

¿Le molesta si ...?

Apakah Anda keberatan jika saya ...?
[apakah anda keberatan dʒika saja ...?]

¡No hay problema! (No pasa nada.)

Tidak apa-apa.
[tidaʾ apa-apa]

Todo está bien.

Tidak apa-apa.
[tidaʾ apa-apa]

No se preocupe.

Jangan khawatir.
[dʒ¹aŋan hawatir]

Acuerdos

Sí.
Ya.
[ja]

Sí, claro.
Ya, tentu saja.
[ja, tentu sadʒia]

Bien.
Bagus!
[bagus!]

Muy bien.
Baiklah.
[baiklah]

¡Claro que sí!
Tentu saja.
[tentu sadʒia]

Estoy de acuerdo.
Saya setuju.
[saja setudʒiu]

Es verdad.
Betul.
[betul]

Es correcto.
Benar.
[benar]

Tiene razón.
Anda benar.
[anda benar]

No me molesta.
Saya tidak keberatan.
[saja tidak keberatan]

Es completamente cierto.
Benar sekali.
[benar sekali]

Es posible.
Mungkin saja.
[muŋkin sadʒia]

Es una buena idea.
Ide bagus.
[ide bagus]

No puedo decir que no.
Saya tidak bisa menolaknya.
[saja tida' bisa menolaknja]

Estaré encantado /encantada/.
Dengan senang hati.
[deŋan senaŋ hati]

Será un placer.
Dengan senang hati.
[deŋan senaŋ hati]

Rechazo. Expresar duda

No.	**Tidak.** [tida$^{\gamma}$]
Claro que no.	**Tentu saja tidak.** [tentu sadʒ'a tida$^{\gamma}$]
No estoy de acuerdo.	**Saya tidak setuju.** [saja tida$^{\gamma}$ setudʒ'u]
No lo creo.	**Saya rasa tidak begitu.** [saja rasa tida$^{\gamma}$ begitu]
No es verdad.	**Tidak benar.** [tida$^{\gamma}$ benar]
No tiene razón.	**Anda keliru.** [anda keliru]
Creo que no tiene razón.	**Saya rasa Anda keliru.** [saja rasa anda keliru]
No estoy seguro /segura/.	**Saya kurang yakin.** [saja kuraŋ jakin]
No es posible.	**Tidak mungkin.** [tida$^{\gamma}$ muŋkin]
¡Nada de eso!	**Itu mengada-ada!** [itu meŋada-ada!]
Justo lo contrario.	**Justru kebalikannya.** [dʒ'ustru kebalikannja]
Estoy en contra de ello.	**Saya menentangnya.** [saja menentaŋnja]
No me importa. (Me da igual.)	**Saya tidak peduli.** [saja tida$^{\gamma}$ peduli]
No tengo ni idea.	**Saya tidak tahu.** [saja tida$^{\gamma}$ tahu]
Dudo que sea así.	**Saya meragukannya.** [saja meragukannja]
Lo siento, no puedo.	**Maaf, saya tidak bisa.** [ma'af, saja tida$^{\gamma}$ bisa]
Lo siento, no quiero.	**Maaf, saya tidak mau.** [ma'af, saja tida$^{\gamma}$ mau]
Gracias, pero no lo necesito.	**Maaf, saya tidak membutuhkannya.** [ma'af, saja tida$^{\gamma}$ membutuhkannja]
Ya es tarde.	**Sudah semakin larut.** [sudah semakin larut]

Tengo que levantarme temprano.

Saya harus bangun pagi.
[saja harus baŋun pagi]

Me encuentro mal.

Saya tidak enak badan.
[saja tidaʔ enak badan]

Expresar gratitud

Gracias.	**Terima kasih.** [terima kasih]
Muchas gracias.	**Terima kasih banyak.** [terima kasih banja']
De verdad lo aprecio.	**Saya sangat menghargainya.** [saja saŋat meŋhargainja]
Se lo agradezco.	**Saya sangat berterima kasih kepada Anda.** [saja saŋat berterima kasih kepada anda]
Se lo agradecemos.	**Kami sangat berterima kasih kepada Anda.** [kami saŋat berterima kasih kepada anda]

Gracias por su tiempo.	**Terima kasih atas waktu Anda.** [terima kasih atas waktu anda]
Gracias por todo.	**Terima kasih atas segalanya.** [terima kasih atas segalanja]
Gracias por ...	**Terima kasih atas ...** [terima kasih atas ...]
su ayuda	**bantuan Anda** [bantuan anda]
tan agradable momento	**saat yang menyenangkan ini** [sa'at jaŋ menjenaŋkan ini]

una comida estupenda	**hidangan yang luar biasa ini** [hidaŋan jaŋ luar biasa ini]
una velada tan agradable	**malam yang menyenangkan ini** [malam jaŋ menjenaŋkan ini]
un día maravilloso	**hari yang luar biasa ini** [hari jaŋ luar biasa ini]
un viaje increíble	**perjalanan yang menakjubkan ini** [perdʒ'alanan jaŋ menakdʒ'ubkan ini]

No hay de qué.	**Jangan sungkan.** [dʒ'aŋan suŋkan]
De nada.	**Terima kasih kembali.** [terima kasih kembali]
Siempre a su disposición.	**Sama-sama.** [sama-sama]
Encantado /Encantada/ de ayudarle.	**Dengan senang hati.** [deŋan senaŋ hati]

No hay de qué.   **Jangan sungkan.**
                                       [dʒّaŋan suŋkan]

No tiene importancia.   **Jangan khawatir.**
                                       [dʒّaŋan hawatir]

Felicitaciones , Mejores Deseos

¡Felicidades!	**Selamat!** [selamat!]
¡Feliz Cumpleaños!	**Selamat ulang tahun!** [selamat ulaŋ tahun!]
¡Feliz Navidad!	**Selamat Natal!** [selamat natal!]
¡Feliz Año Nuevo!	**Selamat Tahun Baru!** [selamat tahun baru!]
¡Felices Pascuas!	**Selamat Paskah!** [selamat paskah!]
¡Feliz Hanukkah!	**Selamat Hanukkah!** [selamat hanuʔkah!]
Quiero brindar.	**Saya ingin bersulang.** [saja iŋin bersulaŋ]
¡Salud!	**Bersulang!** [bersulaŋ!]
¡Brindemos por ...!	**Mari bersulang demi ...!** [mari bersulaŋ demi ...!]
¡A nuestro éxito!	**Demi keberhasilan kita!** [demi keberhasilan kita!]
¡A su éxito!	**Demi keberhasilan Anda!** [demi keberhasilan anda!]
¡Suerte!	**Semoga berhasil!** [semoga berhasil!]
¡Que tenga un buen día!	**Semoga hari Anda menyenangkan!** [semoga hari anda menjenaŋkan!]
¡Que tenga unas buenas vacaciones!	**Selamat berlibur!** [selamat berlibur!]
¡Que tenga un buen viaje!	**Semoga perjalanan Anda menyenangkan!** [semoga perdʒalanan anda menjenaŋkan!]
¡Espero que se recupere pronto!	**Semoga cepat sembuh!** [semoga tʃepat sembuh!]

Socializarse

¿Por qué está triste?

Mengapa Anda sedih?
[meŋapa anda sedih?]

¡Sonría! ¡Anímese!

Tersenyumlah! Bersemangatlah!
[tersenjumlah! bersemaŋatlah!]

¿Está libre esta noche?

Apa Anda punya waktu malam ini?
[apa anda punja waktu malam ini?]

¿Puedo ofrecerle algo de beber?

Boleh saya ambilkan Anda minuman?
[boleh saja ambilkan anda minuman?]

¿Querría bailar conmigo?

Maukah Anda berdansa?
[maukah anda berdansa?]

Vamos a ir al cine.

Mari kita ke bioskop.
[mari kita ke bioskop]

¿Puedo invitarle a ...?

Boleh saya ajak Anda ke ...?
[boleh saja adʒia' anda ke ...?]

un restaurante

restoran
[restoran]

el cine

bioskop
[bioskop]

el teatro

teater
[teater]

dar una vuelta

jalan-jalan
[dʒialan-dʒialan]

¿A qué hora?

Jam berapa?
[dʒiam berapa?]

esta noche

malam ini
[malam ini]

a las seis

pada pukul enam
[pada pukul enam]

a las siete

pada pukul tujuh
[pada pukul tudʒiuh]

a las ocho

pada pukul delapan
[pada pukul delapan]

a las nueve

pada pukul sembilan
[pada pukul sembilan]

¿Le gusta este lugar?

Apa Anda suka di sini?
[apa anda suka di sini?]

¿Está aquí con alguien?

Apa Anda di sini bersama orang lain?
[apa anda di sini bersama oraŋ lain?]

Estoy con mi amigo /amiga/.

Saya bersama teman saya.
[saja bersama teman saja]

Estoy con amigos.	**Saya bersama teman-teman saya.** [saja bersama teman-teman saja]
No, estoy solo /sola/.	**Tidak, saya sendirian.** [tida', saja sendirian]

¿Tienes novio?	**Kamu punya pacar?** [kamu punja patʃar?]
Tengo novio.	**Aku punya pacar.** [aku punja patʃar]
¿Tienes novia?	**Kamu punya pacar?** [kamu punja patʃar?]
Tengo novia.	**Aku punya pacar.** [aku punja patʃar]

¿Te puedo volver a ver?	**Bolehkah aku menemuimu lagi?** [bolehkah aku menemuimu lagi?]
¿Te puedo llamar?	**Bolehkah aku meneleponmu?** [bolehkah aku meneleponmu?]
Llámame.	**Telepon aku.** [telepon aku]
¿Cuál es tu número?	**Berapa nomor teleponmu?** [berapa nomor teleponmu?]
Te echo de menos.	**Aku merindukanmu.** [aku merindukanmu]

¡Qué nombre tan bonito!	**Nama Anda bagus.** [nama anda bagus]
Te quiero.	**Aku mencintaimu.** [aku mentʃintajmu]
¿Te casarías conmigo?	**Maukah kau menikah denganku?** [maukah kau menikah deŋanku?]
¡Está de broma!	**Anda bercanda!** [anda bertʃanda!]
Sólo estoy bromeando.	**Saya hanya bercanda.** [saja hanja bertʃanda]

¿En serio?	**Apa Anda serius?** [apa anda serius?]
Lo digo en serio.	**Saya serius.** [saja serius]
¿De verdad?	**Sungguh?!** [suŋguh?!]
¡Es increíble!	**Tak bisa dipercaya!** [tak bisa dipertʃaja!]
No le creo.	**Saya tidak percaya.** [saja tida' pertʃaja]
No puedo.	**Saya tidak bisa.** [saja tida' bisa]
No lo sé.	**Saya tidak tahu.** [saja tida' tahu]
No le entiendo.	**Saya tidak mengerti sikap Anda.** [saja tida' meŋerti sikap anda]

Váyase, por favor.

Silakan pergi saja.
[silakan pergi sadʒʲa]

¡Déjeme en paz!

Tinggalkan saya sendiri!
[tiŋgalkan saja sendiri!]

Es inaguantable.

Saya tidak tahan dengannya.
[saja tidaʔ tahan deŋannja]

¡Es un asqueroso!

Anda menjijikkan!
[anda mendʒidʒiʔkan!]

¡Llamaré a la policía!

Saya akan telepon polisi!
[saja akan telepon polisi!]

Compartir impresiones. Emociones

Me gusta.	**Saya menyukainya.** [saja menjukainja]
Muy lindo.	**Bagus sekali.** [bagus sekali]
¡Es genial!	**Hebat!** [hebat!]
No está mal.	**Lumayan.** [lumajan]

No me gusta.	**Saya tidak menyukainya.** [saja tida' menjukainja]
No está bien.	**Tidak bagus.** [tida' bagus]
Está mal.	**Jelek.** [dʒ'ele']
Está muy mal.	**Jelek sekali.** [dʒ'ele' sekali]
¡Qué asco!	**Menjijikkan.** [mendʒidʒi'kan]

Estoy feliz.	**Saya senang.** [saja senaŋ]
Estoy contento /contenta/.	**Saya puas.** [saja puas]
Estoy enamorado /enamorada/.	**Saya sedang jatuh cinta.** [saja sedaŋ dʒ'atuh tʃinta]
Estoy tranquilo.	**Saya tenang.** [saja tenaŋ]
Estoy aburrido.	**Saya bosan.** [saja bosan]

Estoy cansado /cansada/.	**Saya lelah.** [saja lelah]
Estoy triste.	**Saya sedih.** [saja sedih]
Estoy asustado.	**Saya takut.** [saja takut]
Estoy enfadado /enfadada/.	**Saya marah.** [saja marah]

Estoy preocupado /preocupada/.	**Saya khawatir.** [saja hawatir]
Estoy nervioso /nerviosa/.	**Saya gugup.** [saja gugup]

Estoy celoso /celosa/.

Saya cemburu.
[saja ʧemburu]

Estoy sorprendido /sorprendida/.

Saya terkejut.
[saja terkeʤʲut]

Estoy perplejo /perpleja/.

Saya bingung.
[saja biŋuŋ]

Problemas, Accidentes

Tengo un problema.

Saya sedang kesulitan.
[saja sedaŋ kesulitan]

Tenemos un problema.

Kami sedang kesulitan.
[kami sedaŋ kesulitan]

Estoy perdido /perdida/.

Saya tersesat.
[saja tersesat]

Perdí el último autobús (tren).

Saya tertinggal bus (kereta) terakhir.
[saja tertiŋgal bus (kereta) terahir]

No me queda más dinero.

Saya tidak punya uang lagi.
[saja tidak punja uaŋ lagi]

He perdido …

… saya hilang.
[… saja hilaŋ]

Me han robado …

… saya kecurian.
[… saja ketʃurian]

mi pasaporte

paspor
[paspor]

mi cartera

dompet
[dompet]

mis papeles

dokumen
[dokumen]

mi billete

tiket
[tiket]

mi dinero

uang
[uaŋ]

mi bolso

tas
[tas]

mi cámara

kamera
[kamera]

mi portátil

laptop
[laptop]

mi tableta

komputer tablet
[komputer tablet]

mi teléfono

ponsel
[ponsel]

¡Ayúdeme!

Tolong!
[toloŋ!]

¿Qué pasó?

Ada apa?
[ada apa?]

el incendio

kebakaran
[kebakaran]

un tiroteo	**penembakan** [penembakan]
el asesinato	**pembunuhan** [pembunuhan]
una explosión	**ledakan** [ledakan]
una pelea	**perkelahian** [perkelahian]

¡Llame a la policía!	**Telepon polisi!** [telepon polisi!]
¡Más rápido, por favor!	**Cepat!** [t͡ʃepat!]
Busco la comisaría.	**Saya sedang mencari kantor polisi.** [saja sedaŋ ment͡ʃari kantor polisi]
Tengo que hacer una llamada.	**Saya perlu menelepon.** [saja perlu menelepon]
¿Puedo usar su teléfono?	**Bolehkah saya meminjam telepon Anda?** [bolehkah saja memindʒ'am telepon anda?]

Me han ...	**Saya telah ...** [saja telah ...]
asaltado /asaltada/	**ditodong** [ditodoŋ]
robado /robada/	**dirampok** [dirampoˀ]
violada	**diperkosa** [diperkosa]
atacado /atacada/	**diserang** [diseraŋ]

¿Se encuentra bien?	**Anda tidak apa-apa?** [anda tidaˀ apa-apa?]
¿Ha visto quien a sido?	**Apa Anda melihat pelakunya?** [apa anda melihat pelakunja?]
¿Sería capaz de reconocer a la persona?	**Bisakah Anda mengenali pelakunya?** [bisakah anda meŋenali pelakunja?]
¿Está usted seguro?	**Anda yakin?** [anda jakin?]

Por favor, cálmese.	**Tenanglah dulu.** [tenaŋlah dulu]
¡Cálmese!	**Tenangkan diri Anda!** [tenaŋkan diri anda!]
¡No se preocupe!	**Jangan khawatir!** [dʒ'aŋan hawatir!]
Todo irá bien.	**Semuanya akan baik-baik saja.** [semuanja akan baiˀ-baiˀ sadʒ'a]
Todo está bien.	**Semuanya baik-baik saja.** [semuanja baiˀ-baiˀ sadʒ'a]

Venga aquí, por favor.	**Kemarilah.** [kemarilah]
Tengo unas preguntas para usted.	**Saya ingin menanyakan beberapa pertanyaan.** [saja iŋin menanjakan beberapa pertanja'an]
Espere un momento, por favor.	**Tunggulah sebentar.** [tuŋgulah sebentar]
¿Tiene un documento de identidad?	**Apa Anda punya kartu pengenal?** [apa anda punja kartu peŋenal?]
Gracias. Puede irse ahora.	**Terima kasih. Anda boleh pergi sekarang.** [terima kasih. anda boleh pergi sekaraŋ]
¡Manos detrás de la cabeza!	**Tangan di belakang kepala!** [taŋan di belakaŋ kepala!]
¡Está arrestado!	**Anda ditangkap!** [anda ditaŋkap!]

Problemas de salud

Ayudeme, por favor.

Tolong bantu saya.
[toloŋ bantu saja]

No me encuentro bien.

Saya tidak enak badan.
[saja tida' ena' badan]

Mi marido no se encuentra bien.

Suami saya tidak enak badan.
[suami saja tida' ena' badan]

Mi hijo ...

Anak laki-laki saya ...
[ana' laki-laki saja ...]

Mi padre ...

Ayah saya ...
[ajah saja ...]

Mi mujer no se encuentra bien.

Istri saya tidak enak badan.
[istri saja tida' ena' badan]

Mi hija ...

Anak perempuan saya ...
[ana' perempuan saja ...]

Mi madre ...

Ibu saya ...
[ibu saja ...]

Me duele ...

Saya ...
[saja ...]

la cabeza

sakit kepala
[sakit kepala]

la garganta

sakit tenggorokan
[sakit teŋgorokan]

el estómago

sakit perut
[sakit perut]

un diente

sakit gigi
[sakit gigi]

Estoy mareado.

Saya merasa pusing.
[saja merasa pusiŋ]

Él tiene fiebre.

Dia demam.
[dia demam]

Ella tiene fiebre.

Dia demam.
[dia demam]

No puedo respirar.

Saya tak dapat bernapas.
[saja ta' dapat bernapas]

Me ahogo.

Saya sesak napas.
[saja sesa' napas]

Tengo asma.

Saya menderita asma.
[saja menderita asma]

Tengo diabetes.

Saya menderita diabetes.
[saja menderita diabetes]

No puedo dormir.

intoxicación alimentaria

Saya susah tidur.
[saja susah tidur]

keracunan makanan
[keratʃunan makanan]

Me duele aquí.

¡Ayúdeme!

¡Estoy aquí!

¡Estamos aquí!

¡Saquenme de aquí!

Necesito un médico.

No me puedo mover.

No puedo mover mis piernas.

Sakitnya di sini.
[sakitnja di sini]

Tolong!
[toloŋ!]

Saya di sini!
[saja di sini!]

Kami di sini!
[kami di sini!]

Keluarkan saya dari sini!
[keluarkan saja dari sini!]

Saya perlu dokter.
[saja perlu dokter]

Saya tak dapat bergerak.
[saja ta' dapat bergera']

Kaki saya tak dapat digerakkan.
[kaki saja ta' dapat digera'kan]

Tengo una herida.

¿Es grave?

Mis documentos están en mi bolsillo.

¡Cálmese!

¿Puedo usar su teléfono?

Saya terluka.
[saja terluka]

Apakah serius?
[apakah serius?]

Dokumen saya ada di saku.
[dokumen saja ada di saku]

Tenanglah dulu!
[tenaŋlah dulu!]

**Bolehkah saya meminjam
telepon Anda?**
[bolehkah saja memindʒam
telepon anda?]

¡Llame a una ambulancia!

¡Es urgente!

¡Es una emergencia!

¡Más rápido, por favor!

¿Puede llamar a un médico, por favor?

¿Dónde está el hospital?

Panggil ambulans!
[paŋgil ambulans!]

Ini mendesak!
[ini mendesa'!]

Ini darurat!
[ini darurat!]

Cepat!
[tʃepat!]

Maukah Anda memanggilkan dokter?
[maukah anda memaŋgilkan dokter?]

Di mana rumah sakitnya?
[di mana rumah sakitnja?]

¿Cómo se siente?

¿Se encuentra bien?

Bagaimana perasaan Anda?
[bagajmana perasa'an anda?]

Anda tidak apa-apa?
[anda tida' apa-apa?]

¿Qué pasó?

Ada apa?
[ada apa?]

Me encuentro mejor.

Saya merasa baikan sekarang.
[saja merasa baikan sekaraŋ]

Está bien.

Tidak apa-apa.
[tidaʾ apa-apa]

Todo está bien.

Tidak apa-apa.
[tidaʾ apa-apa]

En la farmacia

la farmacia	**apotek** [apote']
la farmacia 24 horas	**apotek 24 jam** [apote' dua puluh empat dʒiam]
¿Dónde está la farmacia más cercana?	**Di mana apotek terdekat?** [di mana apote' terdekat?]

¿Está abierta ahora?	**Apa buka sekarang?** [apa buka sekaraŋ?]
¿A qué hora abre?	**Pukup berapa buka?** [pukup berapa buka?]
¿A qué hora cierra?	**Pukul berapa tutup?** [pukul berapa tutup?]

¿Está lejos?	**Apakah tempatnya jauh?** [apakah tempatnja dʒiauh?]
¿Puedo llegar a pie?	**Bisakah saya berjalan kaki ke sana?** [bisakah saja berdʒialan kaki ke sana?]
¿Puede mostrarme en el mapa?	**Bisakah Anda tunjukkan di peta?** [bisakah anda tundʒiu'kan di peta?]

Por favor, deme algo para …	**Berikan saya obat untuk …** [berikan saja obat untu' …]
un dolor de cabeza	**sakit kepala** [sakit kepala]
la tos	**batuk** [batu']
el resfriado	**masuk angin** [masu' aŋin]
la gripe	**flu** [flu]

la fiebre	**demam** [demam]
un dolor de estomago	**sakit perut** [sakit perut]
nauseas	**mual** [mual]
la diarrea	**diare** [diare]
el estreñimiento	**sembelit** [sembelit]
un dolor de espalda	**nyeri punggung** [njeri puŋguŋ]

un dolor de pecho	**nyeri dada** [njeri dada]
el flato	**kram perut** [kram perut]
un dolor abdominal	**nyeri perut** [njeri perut]
la píldora	**pil** [pil]
la crema	**salep, krim** [salep, krim]
el jarabe	**sirop** [sirop]
el spray	**semprot** [semprot]
las gotas	**tetes** [tetes]
Tiene que ir al hospital.	**Anda perlu ke rumah sakit.** [anda perlu ke rumah sakit]
el seguro de salud	**asuransi kesehatan** [asuransi kesehatan]
la receta	**resep** [resep]
el repelente de insectos	**obat antinyamuk** [obat antinjamu']
la curita	**plester pembalut** [plester pembalut]

Lo más imprescindible

Perdone, ...	**Permisi, ...** [permisi, ...]
Hola.	**Halo.** [halo]
Gracias.	**Terima kasih.** [terima kasih]

Sí.	**Ya.** [ja]
No.	**Tidak.** [tidaʔ]
No lo sé.	**Saya tidak tahu.** [saja tidaʔ tahu]
¿Dónde? | ¿A dónde? | ¿Cuándo?	**Di mana? | Ke mana? | Kapan?** [di mana? | ke mana? | kapan?]

Necesito ...	**Saya perlu ...** [saja perlu ...]
Quiero ...	**Saya ingin ...** [saja iŋin ...]
¿Tiene ...?	**Apa Anda punya ...?** [apa anda punja ...?]
¿Hay ... por aquí?	**Apa ada ... di sini?** [apa ada ... di sini?]
¿Puedo ...?	**Boleh saya ...?** [boleh saja ...?]
..., por favor? (petición educada)	**Tolong, ...** [toloŋ, ...]

Busco ...	**Saya sedang mencari ...** [saja sedaŋ mentʃari ...]
el servicio	**kamar kecil** [kamar ketʃil]
un cajero automático	**ATM** [a-te-em]
una farmacia	**apotek** [apoteʔ]
el hospital	**rumah sakit** [rumah sakit]

la comisaría	**kantor polisi** [kantor polisi]
el metro	**stasiun bawah tanah** [stasiun bawah tanah]

un taxi	**taksi** [taksi]
la estación de tren	**stasiun kereta api** [stasiun kereta api]

Me llamo …	**Nama saya …** [nama saja …]
¿Cómo se llama?	**Siapa nama Anda?** [siapa nama anda?]
¿Puede ayudarme, por favor?	**Bisakah Anda menolong saya?** [bisakah anda menoloŋ saja?]
Tengo un problema.	**Saya sedang kesulitan.** [saja sedaŋ kesulitan]
Me encuentro mal.	**Saya tidak enak badan.** [saja tida' enak badan]
¡Llame a una ambulancia!	**Panggil ambulans!** [paŋgil ambulans!]
¿Puedo llamar, por favor?	**Boleh saya menelepon?** [boleh saja menelepon?]

Lo siento.	**Maaf.** [ma'af]
De nada.	**Terima kasih kembali.** [terima kasih kembali]

Yo	**Saya, aku** [saja, aku]
tú	**kamu, kau** [kamu, kau]
él	**dia, ia** [dia, ia]
ella	**dia, ia** [dia, ia]
ellos	**mereka** [mereka]
ellas	**mereka** [mereka]
nosotros /nosotras/	**kami** [kami]
ustedes, vosotros	**kalian** [kalian]
usted	**Anda** [anda]

ENTRADA	**MASUK** [masu']
SALIDA	**KELUAR** [keluar]
FUERA DE SERVICIO	**TIDAK DAPAT DIGUNAKAN** [tida' dapat digunakan]
CERRADO	**TUTUP** [tutup]

ABIERTO

BUKA
[buka]

PARA SEÑORAS

UNTUK PEREMPUAN
[untu' perempuan]

PARA CABALLEROS

UNTUK LAKI-LAKI
[untu' laki-laki]

T&P BOOKS

MINI DICCIONARIO

Esta sección contiene 250
palabras útiles necesarias
para la comunicación diaria.
Encontrará ahí los nombres
de los meses y de los días
de la semana.
El diccionario también
contiene temas relevantes
tales como colores, medidas,
familia, y más

CONTENIDO
DEL DICCIONARIO

T&P Books Publishing

tiempo (m)	**waktu**	[waktu]
hora (f)	**jam**	[dʒⁱam]
media hora (f)	**setengah jam**	[seteŋah dʒⁱam]
minuto (m)	**menit**	[menit]
segundo (m)	**detik**	[detiʔ]
hoy (adv)	**hari ini**	[hari ini]
mañana (adv)	**besok**	[besoʔ]
ayer (adv)	**kemarin**	[kemarin]
lunes (m)	**Hari Senin**	[hari senin]
martes (m)	**Hari Selasa**	[hari selasa]
miércoles (m)	**Hari Rabu**	[hari rabu]
jueves (m)	**Hari Kamis**	[hari kamis]
viernes (m)	**Hari Jumat**	[hari dʒⁱumat]
sábado (m)	**Hari Sabtu**	[hari sabtu]
domingo (m)	**Hari Minggu**	[hari miŋgu]
día (m)	**hari**	[hari]
día (m) de trabajo	**hari kerja**	[hari kerdʒⁱa]
día (m) de fiesta	**hari libur**	[hari libur]
fin (m) de semana	**akhir pekan**	[ahir pekan]
semana (f)	**minggu**	[miŋgu]
semana (f) pasada	**minggu lalu**	[miŋgu lalu]
semana (f) que viene	**minggu berikutnya**	[miŋgu bərikutnja]
por la mañana	**pada pagi hari**	[pada pagi hari]
por la tarde	**pada sore hari**	[pada sore hari]
por la noche	**waktu sore**	[waktu sore]
esta noche	**sore ini**	[sore ini]
(p.ej. 8:00 p.m.)		
por la noche	**pada malam hari**	[pada malam hari]
medianoche (f)	**tengah malam**	[teŋah malam]
enero (m)	**Januari**	[dʒⁱanuari]
febrero (m)	**Februari**	[februari]
marzo (m)	**Maret**	[maret]
abril (m)	**April**	[april]
mayo (m)	**Mei**	[mei]
junio (m)	**Juni**	[dʒⁱuni]
julio (m)	**Juli**	[dʒⁱuli]
agosto (m)	**Augustus**	[augustus]

septiembre (m)	**September**	[september]
octubre (m)	**Oktober**	[oktober]
noviembre (m)	**November**	[november]
diciembre (m)	**Desember**	[desember]

en primavera	**pada musim semi**	[pada musim semi]
en verano	**pada musim panas**	[pada musim panas]
en otoño	**pada musim gugur**	[pada musim gugur]
en invierno	**pada musim dingin**	[pada musim diŋin]

mes (m)	**bulan**	[bulan]
estación (f)	**musim**	[musim]
año (m)	**tahun**	[tahun]

2. Números. Los numerales

cero	**nol**	[nol]
uno	**satu**	[satu]
dos	**dua**	[dua]
tres	**tiga**	[tiga]
cuatro	**empat**	[empat]

cinco	**lima**	[lima]
seis	**enam**	[enam]
siete	**tujuh**	[tudʒʲuh]
ocho	**delapan**	[delapan]
nueve	**sembilan**	[sembilan]
diez	**sepuluh**	[sepuluh]

once	**sebelas**	[sebelas]
doce	**dua belas**	[dua belas]
trece	**tiga belas**	[tiga belas]
catorce	**empat belas**	[empat belas]
quince	**lima belas**	[lima belas]

dieciséis	**enam belas**	[enam belas]
diecisiete	**tujuh belas**	[tudʒʲuh belas]
dieciocho	**delapan belas**	[delapan belas]
diecinueve	**sembilan belas**	[sembilan belas]

veinte	**dua puluh**	[dua puluh]
treinta	**tiga puluh**	[tiga puluh]
cuarenta	**empat puluh**	[empat puluh]
cincuenta	**lima puluh**	[lima puluh]

sesenta	**enam puluh**	[enam puluh]
setenta	**tujuh puluh**	[tudʒʲuh puluh]
ochenta	**delapan puluh**	[delapan puluh]
noventa	**sembilan puluh**	[sembilan puluh]
cien	**seratus**	[seratus]

doscientos	dua ratus	[dua ratus]
trescientos	tiga ratus	[tiga ratus]
cuatrocientos	empat ratus	[empat ratus]
quinientos	lima ratus	[lima ratus]
seiscientos	enam ratus	[enam ratus]
setecientos	tujuh ratus	[tudʒʲuh ratus]
ochocientos	delapan ratus	[delapan ratus]
novecientos	sembilan ratus	[sembilan ratus]
mil	seribu	[seribu]
diez mil	sepuluh ribu	[sepuluh ribu]
cien mil	seratus ribu	[seratus ribu]
millón (m)	juta	[dʒʲuta]
mil millones	miliar	[miliar]

3. El ser humano. Los familiares

hombre (m) (varón)	laki-laki, pria	[laki-laki], [pria]
joven (m)	pemuda	[pemuda]
mujer (f)	perempuan, wanita	[pərempuan], [wanita]
muchacha (f)	gadis	[gadis]
anciano (m)	lelaki tua	[lelaki tua]
anciana (f)	perempuan tua	[pərempuan tua]
madre (f)	ibu	[ibu]
padre (m)	ayah	[ajah]
hijo (m)	anak lelaki	[ana' lelaki]
hija (f)	anak perempuan	[ana' pərempuan]
hermano (m)	saudara lelaki	[saudara lelaki]
hermana (f)	saudara perempuan	[saudara pərempuan]
padres (pl)	orang tua	[oraŋ tua]
niño -a (m, f)	anak	[ana']
niños (pl)	anak-anak	[ana'-ana']
madrastra (f)	ibu tiri	[ibu tiri]
padrastro (m)	ayah tiri	[ajah tiri]
abuela (f)	nenek	[nene']
abuelo (m)	kakek	[kake']
nieto (m)	cucu laki-laki	[ʧuʧu laki-laki]
nieta (f)	cucu perempuan	[ʧuʧu pərempuan]
nietos (pl)	cucu	[ʧuʧu]
tío (m)	paman	[paman]
tía (f)	bibi	[bibi]
sobrino (m)	keponakan laki-laki	[keponakan laki-laki]
sobrina (f)	keponakan perempuan	[keponakan pərempuan]
mujer (f)	istri	[istri]

marido (m)	suami	[suami]
casado (adj)	menikah, beristri	[mənikah], [bəristri]
casada (adj)	menikah, bersuami	[mənikah], [bərsuami]
viuda (f)	janda	[dʒˈanda]
viudo (m)	duda	[duda]

| nombre (m) | nama, nama depan | [nama], [nama depan] |
| apellido (m) | nama keluarga | [nama keluarga] |

pariente (m)	kerabat	[kerabat]
amigo (m)	sahabat	[sahabat]
amistad (f)	persahabatan	[pərsahabatan]

compañero (m)	mitra	[mitra]
superior (m)	atasan	[atasan]
colega (m, f)	kolega	[kolega]
vecinos (pl)	para tetangga	[para tetaŋga]

4. El cuerpo. La anatomía humana

cuerpo (m)	tubuh	[tubuh]
corazón (m)	jantung	[dʒˈantuŋ]
sangre (f)	darah	[darah]
cerebro (m)	otak	[otaʔ]

hueso (m)	tulang	[tulaŋ]
columna (f) vertebral	tulang belakang	[tulaŋ belakaŋ]
costilla (f)	tulang rusuk	[tulaŋ rusuʔ]
pulmones (m pl)	paru-paru	[paru-paru]
piel (f)	kulit	[kulit]

cabeza (f)	kepala	[kepala]
cara (f)	wajah	[wadʒˈah]
nariz (f)	hidung	[hiduŋ]
frente (f)	dahi	[dahi]
mejilla (f)	pipi	[pipi]

boca (f)	mulut	[mulut]
lengua (f)	lidah	[lidah]
diente (m)	gigi	[gigi]
labios (m pl)	bibir	[bibir]
mentón (m)	dagu	[dagu]

oreja (f)	telinga	[teliŋa]
cuello (m)	leher	[leher]
ojo (m)	mata	[mata]
pupila (f)	pupil, biji mata	[pupil], [bidʒi mata]
ceja (f)	alis	[alis]
pestaña (f)	bulu mata	[bulu mata]
pelo, cabello (m)	rambut	[rambut]

peinado (m)	**tatanan rambut**	[tatanan rambut]
bigote (m)	**kumis**	[kumis]
barba (f)	**janggut**	[dʒʲaŋgut]
tener (~ la barba)	**memelihara**	[memelihara]
calvo (adj)	**botak, plontos**	[botak], [plontos]
mano (f)	**tangan**	[taŋan]
brazo (m)	**lengan**	[leŋan]
dedo (m)	**jari**	[dʒʲari]
uña (f)	**kuku**	[kuku]
palma (f)	**telapak**	[telapaʔ]
hombro (m)	**bahu**	[bahu]
pierna (f)	**kaki**	[kaki]
rodilla (f)	**lutut**	[lutut]
talón (m)	**tumit**	[tumit]
espalda (f)	**punggung**	[puŋguŋ]

5. La ropa. Accesorios personales

ropa (f)	**pakaian**	[pakajan]
abrigo (m)	**mantel**	[mantel]
abrigo (m) de piel	**mantel bulu**	[mantel bulu]
cazadora (f)	**jaket**	[dʒʲaket]
impermeable (m)	**jas hujan**	[dʒʲas hudʒʲan]
camisa (f)	**kemeja**	[kemedʒʲa]
pantalones (m pl)	**celana**	[tʃelana]
chaqueta (f), saco (m)	**jas**	[dʒʲas]
traje (m)	**setelan**	[setelan]
vestido (m)	**gaun**	[gaun]
falda (f)	**rok**	[roʔ]
camiseta (f) (T-shirt)	**baju kaus**	[badʒʲu kaus]
bata (f) de baño	**jubah mandi**	[dʒʲubah mandi]
pijama (m)	**piyama**	[piyama]
ropa (f) de trabajo	**pakaian kerja**	[pakajan kerdʒʲa]
ropa (f) interior	**pakaian dalam**	[pakajan dalam]
calcetines (m pl)	**kaus kaki**	[kaus kaki]
sostén (m)	**beha**	[beha]
pantimedias (f pl)	**pantihos**	[pantihos]
medias (f pl)	**kaus kaki panjang**	[kaus kaki pandʒʲaŋ]
traje (m) de baño	**baju renang**	[badʒʲu renaŋ]
gorro (m)	**topi**	[topi]
calzado (m)	**sepatu**	[sepatu]
botas (f pl) altas	**sepatu lars**	[sepatu lars]
tacón (m)	**tumit**	[tumit]
cordón (m)	**tali sepatu**	[tali sepatu]

betún (m)	semir sepatu	[semir sepatu]
guantes (m pl)	sarung tangan	[saruŋ taŋan]
manoplas (f pl)	sarung tangan	[saruŋ taŋan]
bufanda (f)	selendang	[selendaŋ]
gafas (f pl)	kacamata	[katʃamata]
paraguas (m)	payung	[pajuŋ]
corbata (f)	dasi	[dasi]
moquero (m)	sapu tangan	[sapu taŋan]
peine (m)	sisir	[sisir]
cepillo (m) de pelo	sikat rambut	[sikat rambut]
hebilla (f)	gesper	[gesper]
cinturón (m)	sabuk	[sabuʔ]
bolso (m)	tas tangan	[tas taŋan]

6. La casa. El apartamento

apartamento (m)	apartemen	[apartemen]
habitación (f)	kamar	[kamar]
dormitorio (m)	kamar tidur	[kamar tidur]
comedor (m)	ruang makan	[ruaŋ makan]
salón (m)	ruang tamu	[ruaŋ tamu]
despacho (m)	ruang kerja	[ruaŋ kerdʒʲa]
antecámara (f)	ruang depan	[ruaŋ depan]
cuarto (m) de baño	kamar mandi	[kamar mandi]
servicio (m)	kamar kecil	[kamar ketʃil]
aspirador (m), aspiradora (f)	pengisap debu	[peɲisap debu]
fregona (f)	kain pel	[kain pel]
trapo (m)	lap	[lap]
escoba (f)	sapu lidi	[sapu lidi]
cogedor (m)	pengki	[peŋki]
muebles (m pl)	mebel	[mebel]
mesa (f)	meja	[medʒʲa]
silla (f)	kursi	[kursi]
sillón (m)	kursi malas	[kursi malas]
espejo (m)	cermin	[tʃermin]
tapiz (m)	permadani	[pərmadani]
chimenea (f)	perapian	[pərapian]
cortinas (f pl)	gorden	[gorden]
lámpara (f) de mesa	lampu meja	[lampu medʒʲa]
lámpara (f) de araña	lampu bercabang	[lampu bərtʃabaŋ]
cocina (f)	dapur	[dapur]
cocina (f) de gas	kompor gas	[kompor gas]
cocina (f) eléctrica	kompor listrik	[kompor listriʔ]

horno (m) microondas	**microwave**	[majkrowav]
frigorífico (m)	**lemari es, kulkas**	[lemari es], [kulkas]
congelador (m)	**lemari pembeku**	[lemari pembeku]
lavavajillas (m)	**mesin pencuci piring**	[mesin penʧuʧi piriŋ]
grifo (m)	**keran**	[keran]
picadora (f) de carne	**alat pelumat daging**	[alat pelumat dagiŋ]
exprimidor (m)	**mesin sari buah**	[mesin sari buah]
tostador (m)	**alat pemanggang roti**	[alat pemaŋgaŋ roti]
batidora (f)	**pencampur**	[penʧampur]
cafetera (f) (aparato de cocina)	**mesin pembuat kopi**	[mesin pembuat kopi]
hervidor (m) de agua	**cerek**	[ʧereʔ]
tetera (f)	**teko**	[teko]
televisor (m)	**pesawat TV**	[pesawat ti-vi]
vídeo (m)	**video, VCR**	[vidio], [vi-si-er]
plancha (f)	**setrika**	[setrika]
teléfono (m)	**telepon**	[telepon]